Picture Dictionary

ENGLISH/ POLISH

More than 350 Essential Words

Dylanna Press

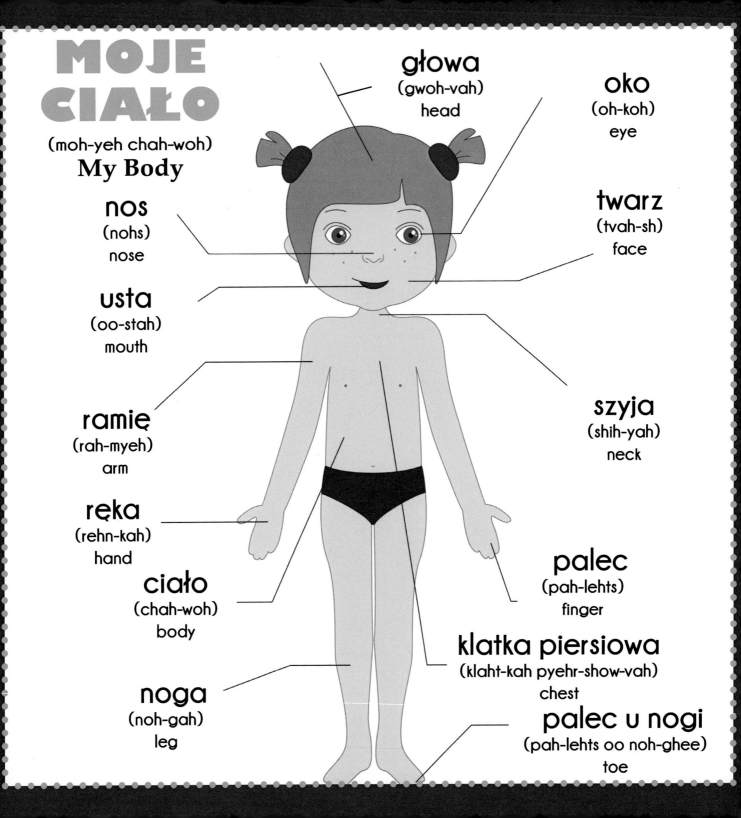

MOJE CIAŁO

(moh-yeh chah-woh)
My Body

głowa
(gwoh-vah)
head

oko
(oh-koh)
eye

twarz
(tvah-sh)
face

nos
(nohs)
nose

usta
(oo-stah)
mouth

ramię
(rah-myeh)
arm

ręka
(rehn-kah)
hand

ciało
(chah-woh)
body

noga
(noh-gah)
leg

szyja
(shih-yah)
neck

palec
(pah-lehts)
finger

klatka piersiowa
(klaht-kah pyehr-show-vah)
chest

palec u nogi
(pah-lehts oo noh-ghee)
toe

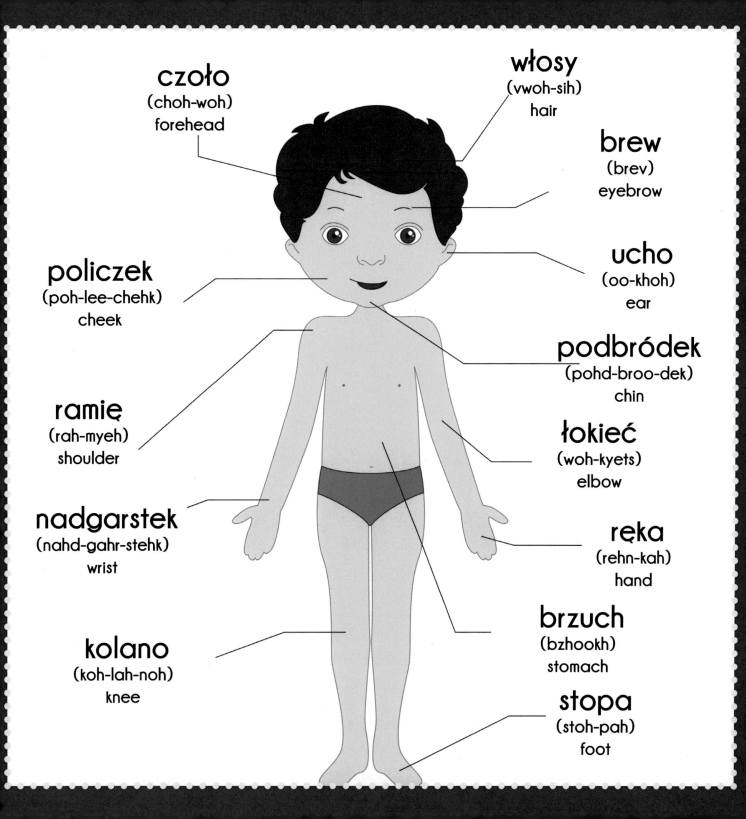

czoło
(choh-woh)
forehead

włosy
(vwoh-sih)
hair

brew
(brev)
eyebrow

ucho
(oo-khoh)
ear

policzek
(poh-lee-chehk)
cheek

podbródek
(pohd-broo-dek)
chin

ramię
(rah-myeh)
shoulder

łokieć
(woh-kyets)
elbow

nadgarstek
(nahd-gahr-stehk)
wrist

ręka
(rehn-kah)
hand

kolano
(koh-lah-noh)
knee

brzuch
(bzhookh)
stomach

stopa
(stoh-pah)
foot

RODZINA
(roh-jee-nah)
Family

brat
(braht)
brother

dziadek
(jah-dek)
grandfather

wujek
(voo-yehk)
uncle

matka
(maht-kah)
mother

babcia
(bahp-chyah)
grandmother

ciocia
(choh-chyah)
aunt

siostra
(shyo-strah)
sister

ojciec
(oy-chets)
father

kuzynka
(koo-zin-kah)
cousin

kuzyn
(koo-zin)
cousin

MÓJ DOM
(moo-ee dohm)

my house

salon
(sah-lohn)

living room

kuchnia
(koo-khnya)

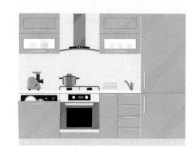

kitchen

sypialnia
(sih-pyal-nyah)

bedroom

łazienka
(wah-zhen-kah)

bathroom

schody
(skhoh-dih)

stairs

okno
(ohk-noh)

window

kominek
(koh-mee-nek)

fireplace

drzwi
(dzhvee)

door

kanapa
(kah-nah-pah)

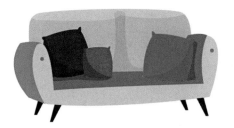

couch

krzesło
(kshes-woh)

chair

stół
(stoo-w)

table

lampa
(lahm-pah)

lamp

telewizor
(teh-leh-vee-zor)

television

komoda
(koh-moh-dah)

dresser

biurko
(byoor-koh)

desk

regał na książki
(reh-gahw nah kshonsh-kee)

bookcase

stołek
(stoh-wehk)

stool

W SYPIALNI

(f sih-pyal-nee)

In the bedroom

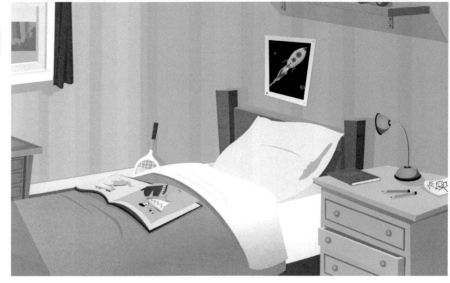

łóżko
(woosh-koh)

bed

poduszka
(poh-doosh-kah)

pillow

koc
(kohts)

blanket

szafa
(shah-fah)

wardrobe

zegar
(zeh-gahr)

clock

lustro
(loo-stroh)

mirror

KUCHNIA
(koo-khnya)

kitchen

lodówka
(loh-doov-kah)

refrigerator

kuchenka
(koo-khen-kah)

stove

miska
(mees-kah)

bowl

kubek
(koo-behk)

cup

szklanka
(shklahn-kah)

glass

deska do krojenia
(des-kah doh kroh-yeh-nyah)

cutting board

nóż
(noosh)

knife

widelec
(vee-deh-lehts)

fork

czajnik
(ch-eye-neek)

kettle

patelnia
(pah-tel-nya)

pan

garnek
(gahr-nek)

pot

talerz
(tah-lesh)

plate

łyżka
(wihsh-kah)

spoon

imbryk
(eem-brik)

teapot

trzepaczka
(tsheh-pach-kah)

whisk

zmywarka
(zmih-var-kah)

dishwasher

mikrofalówka
(mee-kroh-fah-loov-kah)

microwave

ŁAZIENKA
(wah-zhen-kah)

bathroom

wanna
(vahn-nah)

bathtub

mydło
(mih-dwoh)

soap

szczotka
(shchoht-kah)

brush

bąbelki
(bohm-bel-kee)

bubbles

grzebień
(gzheh-byeň)

comb

kran
(krahn)

faucet

waga
(vah-gah)

scale

szampon
(shahm-pohn)

shampoo

prysznic
(prihsh-neets)

shower

umywalka
(oo-mih-val-kah)

sink

gąbka
(gohm-pkah)

sponge

chusteczka
(khoos-tech-kah)

tissue

toaleta
(toh-ah-leh-tah)

toilet

szczoteczka do zębów
(shchoh-tehch-kah doh zehm-boof)

toothbrush

pasta do zębów
(pah-stah doh zem-boov)

toothpaste

ręcznik
(rench-neek)

towel

papier toaletowy
(pah-pyer toh-ah-leh-toh-vy)

toilet paper

MOJE UBRANIA
(moh-yeh oo-brah-nyah)
My Clothes

strój kąpielowy
(strooy kohm-pyeh-loh-vy)

bluzka
(bloos-kah)

pasek
(pah-sehk)

belt

swimsuit

blouse

buty
(boo-tih)

płaszcz
(pwahsh-ch)

sukienka
(soo-kyehn-kah)

boots

coat

dress

rękawiczki
(rehn-kah-veech-kee)

kurtka
(koort-kah)

kapelusz
(kah-peh-loosh)

gloves

jacket

hat

dżinsy
(jeen-sih)

jeans

krawat
(krah-vaht)

necktie

spodnie
(spohd-nyeh)

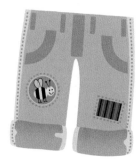

pants

ogrodniczki
(oh-grohd-neech-kee)

overalls

torebka
(toh-rehb-kah)

purse

piżama
(pee-zhah-mah)

pajamas

szalik
(shah-leek)

scarf

bielizna
(bye-lee-znah)

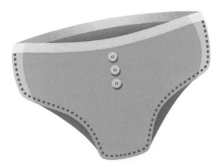

underwear

buty
(boo-tih)

shoes

spódnica
(spood-neet-sah)

skirt

buty sportowe
(boo-tih spor-to-veh)

sneakers

skarpetki
(skar-peht-kee)

socks

okulary przeciwsłoneczne
(oh-koo-lah-ri psheh-cheev-swoh-nech-neh)

sunglasses

sweter
(sveh-ter)

sweater

koszulka
(koh-shool-kah)

T shirt

rajstopy
(right-stoh-pih)

tights

kąpielówki
(kohm-pyeh-loov-kee)

swim trunks

bluza
(bloo-zah)

sweatshirt

JEDZENIE
(yeh-dzeh-nyeh)

Food

pomidor
(poh-mee-dor)

tomato

arbuz
(ahr-boos)

watermelon

jabłko
(yah-bkoo)

apple

pomarańcza
(poh-mah-rahn-chah)

orange

banan
(bah-nahn)

banana

truskawki
(troos-kahv-kee)

strawberries

cytryna
(tsi-trih-nah)

lemon

gruszka
(groosh-kah)

pear

sałatka
(sah-waht-kah)

salad

ser
(sehr)

cheese

kurczak
(koor-chahk)

chicken

zakupy spożywcze
(zah-koo-pih spoh-zhihv-cheh)

groceries

naleśniki
(nah-lesh-neek-ee)

pancakes

kanapka
(kah-nahp-kah)

sandwich

spaghetti
(spah-geh-tee)

spaghetti

toast
(tohst)

toast

kukurydza
(koo-koo-rih-dzah)

corn

masło
(mah-swoh)

butter

ryż
(rish)

rice

ciasto
(chahs-toh)

cake

orzechy
(oh-zheh-khih)

nuts

jajko
(yai-koh)

egg

ziemniaki
(zhem-nya-kee)

potatoes

chleb
(hlehb)

bread

chipsy
(chip-sih)

chips

ciastka
(chahs-tkah)

cookies

popcorn
(pop-korn)

popcorn

frytki
(friht-kee)

french fries

lody
(loh-dih)

ice cream

marchewka
(mar-khev-kah)

carrot

pizza
(peet-sah)

pizza

brokuły
(bro-koo-wih)

broccoli

mleko
(mleh-koh)

milk

cebula
(tseh-boo-lah)

onion

indyk
(een-dyk)

turkey

ZWIERZĘTA

(zvyeh-zhen-tah)

Animals

ptak
(ptahk)

bird

kot
(koht)

cat

pies
(pyehs)

dog

kaczka
(kahch-kah)

duck

słoń
(swonh)

elephant

lis
(lees)

fox

indyk
(een-dyk)

turkey

wieloryb
(vyeh-loh-rip)

whale

panda
(pahn-dah)

panda

żaba
(zhah-bah)

frog

sowa
(soh-vah)

owl

królik
(kroo-leek)

rabbit

kogut
(koh-goot)

rooster

małpa
(mow-pah)

monkey

lew
(lef)

lion

łoś
(wosh)

moose

wiewiórka
(vyeh-vyoor-kah)

squirrel

wąż
(vohnsh)

snake

mysz
(mish)

mouse

kura
(koo-rah)

chicken

aligator
(ah-lee-gah-tor)

alligator

niedźwiedź
(nyeh-dzh-vyech)

bear

świnia
(shvee-nyah)

pig

żółw
(zhoov)

turtle

hipopotam
(hee-poh-poh-tahm)

hippopotamus

żyrafa
(zhee-rah-fah)

giraffe

wielbłąd
(vyehl-bwohnd)

camel

wilk
(veelk)

wolf

zebra
(zeh-brah)

zebra

ryba
(rih-bah)

fish

krowa
(kroh-vah)

cow

owca
(ohv-tsah)

sheep

koza
(koh-zah)

goat

koń
(kohn)

horse

tygrys
(tih-grys)

tiger

ślimak
(shlee-mahk)

snail

pingwin
(peen-gveen)

penguin

goryl
(goh-ryl)

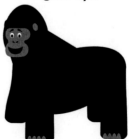

gorilla

SZKOŁA
(shkwoh-wah)

school

autobus szkolny
(ow-toh-boos shkohl-nih)

school bus

nauczyciel
(now-oo-chih-tyel)

teacher

kredki
(kred-kee)

crayons

klej
(kley)

glue

zeszyty
(zeh-shih-tih)

notebooks

farba
(fahr-bah)

paint

ołówek
(oh-woo-vehk)

pencil

globus
(gloh-boos)

globe

plecak
(pleh-tsahk)

backpack

długopis
(dwoo-goh-pees)

pen

linijka
(lee-neey-kah)

ruler

kalkulator
(kal-koo-lah-tor)

calculator

nożyczki
(noh-zhich-kee)

scissors

zszywacz
(zshih-vach)

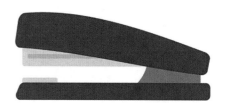

stapler

książka
(kshonsh-kah)

book

biurko
(byoor-koh)

desk

uczeń /uczennica
(oo-chen)/ (oo-chen-neet-sah)

student

POGODA
(poh-goh-dah)

weather

chmura
(khmoo-rah)

cloud

piorun
(pyo-roon)

lightning

deszcz
(desh-ch)

rain

śnieg
(shn-yeg)

snow

słońce
(swon-tseh)

sun

tornado
(tor-nah-doh)

tornado

wiatr
(vyah-tr)

wind

tęcza
(ten-chah)

rainbow

PORY ROKU — THE SEASONS

zima
(zhee-mah)

winter

wiosna
(vyoh-snah)

spring

lato
(lah-toh)

summer

jesień
(yeh-shyen)

autumn

TRANSPORT
(trahn-spohrt)
transportation

samolot
(sah-moh-loht)

airplane

karetka
(kah-ret-kah)

ambulance

rower
(roh-vehr)

bicycle

łódź
(wooch)

boat

autobus
(ow-toh-boos)

bus

samochód
(sah-moh-khoot)

car

wóz strażacki
(vooz strah-zhah-tskee)

firetruck

helikopter
(heh-lee-kohp-tehr)

helicopter

motocykl
(moh-toh-tsikl)

motorcycle

radiowóz
(rah-dyoh-vooz)

police car

rakieta
(rah-kyeh-tah)

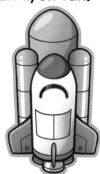

rocket

skuter
(skoo-tehr)

scooter

statek
(stah-tehk)

ship

łódź podwodna
(wooch pohd-vohd-nah)

submarine

traktor
(trahk-tohr)

tractor

pociąg
(poh-chonk)

train

ciężarówka
(chyen-zha-roov-kah)

truck

wóz
(vooz)

wagon

SPORT — SPORTS
(spoh-rt)

rękawica
(rehn-kah-vee-tsah)

glove

baseball
(beys-bohl)

baseball

koszykówka
(koh-shih-koov-kah)

basketball

deskorolka
(des-koh-rohl-kah)

skateboard

rakieta tenisowa
(rah-kyeh-tah teh-nee-soh-vah)

tennis racket

gwizdek
(gveez-dehk)

whistle

boks
(bohks)

boxing

wędkarstwo
(vend-karst-voh)

fishing

futbol amerykański
(foot-bol ah-meh-rih-kahn-skee)

football

golf
(gohlf)

golf

łyżwiarstwo
(wih-zhvyahr-stvoh)

skating

karate
(kah-rah-teh)

karate

piłka nożna
(pyoo-kah nozh-nah)

soccer

żeglarstwo
(zheg-lahr-stvoh)

sailing

tenis
(teh-nees)

tennis

CZASOWNIKI
(chah-sohv-nee-kee)
Action Words

czołgać się
(choh-wgahch sheh)

crawl

wspinać się
(fspih-nach sheh)

climb

płakać
(pwah-kach)

cry

pić
(peech)

drink

jeść
(yeshch)

eat

skakać
(skah-kach)

jump

śmiać się
(shmyach sheh)

laugh

słuchać
(swoo-hach)

listen

czytać
(chih-tach)

read

biegać
(bye-gach)

run

siedzieć
(shye-dyech)

sit

spać
(spach)

sleep

stać
(stach)

stand

rozmawiać
(rohz-mah-vyach)

talk

chodzić
(khoh-dzich)

walk

szeptać
(shep-tach)

whisper

przytulać
(pshih-too-lach)

hug

odbijać
(ohd-bee-ach)

bounce

EMOCJE — EMOTIONS
(eh-moh-tsyeh)

przestraszony
(psheh-strah-shoh-nih)

afraid

ciekawy
(chyeh-kah-vih)

curious

smutny
(smoot-nih)

sad

zły
(z-wih)

angry

zaskoczony
(zah-skoh-choh-nih)

surprised

szczęśliwy
(shchen-shlee-vih)

happy

PRZECIWIEŃSTWA — OPPOSITES

(psheh-chee-vyen-stvah)

brudny
(brood-nih)

czysty
(chih-stih)

zamknięty
(zahm-knyen-tih)

otwarty
(oht-far-tih)

dirty   clean   closed   open

zimny
(zheem-nih)

gorący
(goh-rohn-tsih)

jasny
(yas-nih)

ciemny
(chyem-nih)

cold   hot   light   dark

PRZECIWIEŃSTWA — OPPOSITES

stary
(stah-rih)

młody
(mwoh-dih)

ciężki
(chyensh-kee)

lekki
(lehk-kee)

old

young

heavy

light

głośny
(gwoh-shnih)

cichy
(chee-khih)

w dół
(f doo-w)

w górę
(f goo-reh)

loud

quiet

down

up

PRZECIWIEŃSTWA — OPPOSITES

suchy	mokry	miękki	twardy
(soo-khih)	(moh-krih)	(myehnk-kee)	(tvar-dih)

dry	wet	soft	hard

ciągnąć	pchać	nad	pod
(chyong-noch)	(p-hach)	(nahd)	(pohd)

pull	push	above	below

POZDROWIENIA — GREETINGS

cześć
(cheshch)

do widzenia
(doh vee-dzen-yah)

dzień dobry
(jyen doh-brih)

dobranoc
(doh-brah-nohts)

hello

goodbye

good morning

good night

tak
(tahk)

nie
(nyeh)

proszę
(proh-sheh)

dziękuję
(djen-koo-yeh)

yes

no

please

thank you

DNI TYGODNIA — DAYS OF THE WEEK

 **Monday** — poniedziałek
(poh-nyeh-djah-wek)

 **Friday** — piątek
(pyon-tek)

 **Tuesday** — wtorek
(f-toh-rek)

 **Saturday** — sobota
(soh-boh-tah)

 **Wednesday** — środa
(shroh-dah)

 **Sunday** — niedziela
(nyeh-dzyeh-lah)

 **Thursday** — czwartek
(chfahr-tek)

MIESIĄCE —MONTHS

 **styczeń** (stih-chen)

 **luty** (loo-tih)

 **marzec** (mah-zhets)

 **kwiecień** (kfyet-chen)

 **maj** (mai)

 **czerwiec** (cher-viets)

 **lipiec** (lee-pyets)

 **sierpień** (shyer-pyen)

 **wrzesień** (vzhesh-yen)

 **październik** (pahzh-dzhyer-neek)

 **listopad** (lee-stoh-pahd)

 **grudzień** (groo-djen)

KSZTAŁTY — SHAPES
(kshtao-tih)

koło
(koh-woh)

circle

romb
(romp)

diamond

prostokąt
(proh-stoh-kawnt)

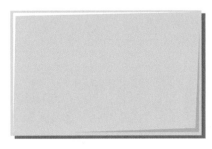

rectangle

kwadrat
(kvah-draht)

square

gwiazda
(gvyahz-dah)

star

trójkąt
(trooy-kohnt)

triangle

KOLORY
(koh-loh-rih)
colors

czerwony
(cher-voh-nih)

niebieski
(nyeh-byes-kee)

zielony
(zyeh-loh-nih)

red

blue

green

pomarańczowy
(poh-mah-ran-choh-vih)

różowy
(roo-zhoh-vih)

fioletowy
(fyoh-leh-toh-vih)

orange

pink

purple

żółty
(zhoo-tih)

biały
(byah-wih)

czarny
(char-nih)

yellow

white

black

LICZBY — NUMBERS
(leech-bih)

jeden
(yeh-den)

dwa
(dvah)

trzy
(tshih)

cztery
(chteh-rih)

pięć
(pyehnch)

 one

 two

 three

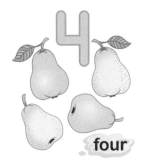 four

 five

sześć
(shehshch)

siedem
(shyeh-dem)

osiem
(oh-shyem)

dziewięć
(jyeh-vyench)

dziesięć
(jyeh-syech)

 six

 seven

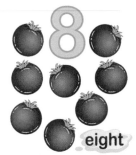 eight

 nine

 ten

ALFABET — ALPHABET

(ahl-fah-bet)

A	a	"ah"	I	i	"ee"	P	pe	"peh"
Ą	ą	"on"	J	jot	"yot"	R	er	"ehr"
B	be	"beh"	K	ka	"kah"	S	es	"ess"
C	ce	"tseh"	L	el	"ell"	Ś	eś	"shyeh"
Ć	cie	"chyeh"	Ł	eł	"weh"	T	te	"teh"
D	de	"deh"	M	em	"em"	U	u	"oo"
E	e	"eh"	N	en	"en"	W	wu	"voo"
Ę	ę	"en"	Ń	eń	"nyeh"	Z	zet	"zet"
F	ef	"eff"	O	o	"oh"	Ź	zie	"zhyeh"
G	ge	"geh"	Ó	o kreskowane	"oo"	Ż	żet	"zheh"
H	ha	"hah"						

Polish-English Word List

aligator	alligator	ciasto	cake
arbuz	watermelon	cichy	quiet
autobus	bus	ciekawy	curious
autobus szkolny	school bus	ciemny	dark
babcia	grandmother	ciężarówka	truck
bąbelki	bubbles	ciężki	heavy
banan	banana	ciocia	aunt
baseball	baseball	cytryna	lemon
biały	white	czajnik	kettle
biblioteka	library	czajnik	teapot
bielizna	underwear	czarny	black
biurko	desk	czerwiec	June
bluza	sweatshirt	czerwony	red
bluzka	blouse	cześć	hello
błyskawica	lightning	czoło	forehead
boks	boxing	cztery	four
brat	brother	czwartek	Thursday
brew	eyebrow	czysty	clean
brokuły	broccoli	czytać	read
brudny	dirty	deska do krojenia	cutting board
brzuch	stomach	deskorolka	skateboard
buty	boots	deszcz	rain
buty	shoes	diament	diamond
cebula	onion	długopis	pen
chipsy	chips	do góry	up
chleb	bread	do widzenia	goodbye
chmura	cloud	dobranoc	good night
chusteczka	tissue	dom	house
ciągnąć	pull	drzwi	door
ciało	body	dwa	two
ciastka	cookies	dziadek	grandfather
		dziękuję	thank you

Polish-English Word List

dzień dobry	good morning	jesień	autumn
dziesięć	ten	kaczka	duck
dziewięć	nine	kalkulator	calculator
dżinsy	jeans	kanapa	couch
emocje	emotions	kanapka	sandwich
farba	paint	kapelusz	hat
fioletowy	purple	kąpielówki	swim trunks
frytki	french fries	karate	karate
gąbka	sponge	karetka	ambulance
garnek	pot	klatka piersiowa	chest
globus	globe	klej	glue
głośny	loud	koc	blanket
głowa	head	kogut	rooster
golf	golf	kolano	knee
gorący	hot	koło	circle
goryl	gorilla	kolory	colors
grudzień	December	kominek	fireplace
gruszka	pear	komoda	dresser
grzebień	comb	koń	horse
gwiazda	star	koszula	shirt
gwizdek	whistle	koszulka	t-shirt
helikopter	helicopter	koszykówka	basketball
hipopotam	hippopotamus	kot	cat
hulajnoga	scooter	koza	goat
indyk	turkey	kran	faucet
jabłko	apple	krawat	necktie
jajko	egg	kredki	crayons
jasny	light (opposite of dark)	królik	rabbit
jeden	one	krowa	cow
jedzenie	eating	krzesło	chair
jedzenie	food	książka	book
		kształty	shapes

Polish-English Word List

kubek	cup	maj	May
kuchenka	stove	małpa	monkey
kuchnia	kitchen	marchewka	carrot
kukurydza	corn	marzec	March
kurczak	chicken	masło	butter
kurtka	jacket	matka	mother
kuzyn	cousin (male)	miękki	soft
kuzynka	cousin (female)	mikrofalówka	microwave
kwadrat	square	miska	bowl
kwiecień	April	mleko	milk
lampa	lamp	młody	young
lato	summer	mokry	wet
łazienka	bathroom	motocykl	motorcycle
lekki	light (opposite of heavy)	mówienie	talking
lew	lion	mydło	soap
liczby	numbers	mysz	mouse
linijka	ruler	na dół	down
lipiec	July	nadgarstek	wrist
lis	fox	naleśniki	pancakes
listopad	November	nauczyciel	teacher
lodówka	refrigerator	nie	no
lody	ice cream	niebieski	blue
łódź	boat	niedziela	Sunday
łódź podwodna	submarine	niedźwiedź	bear
łokieć	elbow	noga	leg
łoś	moose	nos	nose
łóżko	bed	nóż	knife
lustro	mirror	nożyczki	scissors
luty	February	odbijać	bounce
łyżka	spoon	ogrodniczki	overalls
łyżwiarstwo	skating	ojciec	father
		okno	window

Polish-English Word List

oko	eye	**policzek**	cheek
okulary przeciwsłoneczne	sunglasses	**pomarańcza**	orange (fruit)
		pomarańczowy	orange (color)
ołówek	pencil	**pomidor**	tomato
orzechy	nuts	**poniedziałek**	Monday
osiem	eight	**poniżej**	below
otwarty	open	**popcorn**	popcorn
owca	sheep	**pory roku**	seasons
palec	finger	**powyżej**	above
palec u nogi	toe	**proszę**	please
panda	panda	**prysznic**	shower
papier toaletowy	toilet paper	**przeciwieństwa**	opposites
pasek	belt	**przestraszony**	afraid
pasta do zębów	toothpaste	**przytulanie**	hugging
patelnia	pan	**ptak**	bird
październik	October	**raczkowanie**	crawling
pchać	push	**radiowóz**	police car
piątek	Friday	**rajstopy**	tights
pięć	five	**rakieta**	rocket
pies	dog	**rakieta tenisowa**	tennis racket
piłka nożna	soccer	**ramię**	arm
piłka nożna	football	**ramię**	shoulder
pingwin	penguin	**ręcznik**	towel
piżama	pajamas	**regał**	bookcase
pizza	pizza	**ręka**	hand
płakać	cry	**rękawiczki**	gloves
płaszcz	coat	**rodzina**	family
plecak	backpack	**rower**	bicycle
pociąg	train	**różowy**	pink
podbródek	chin	**ryba**	fish
poduszka	pillow	**ryż**	rice
pogoda	weather		

Polish-English Word List

sałatka	salad	stołek	stool
salon	living room	stopa	foot
samochód	car	strój kąpielowy	swimsuit
samolot	airplane	styczeń	January
schody	stairs	suchy	dry
ser	cheese	sukienka	dress
siedem	seven	sweter	sweater
siedzieć	sit	świnia	pig
sierpień	August	sypialnia	bedroom
silny	strong	szafa	wardrobe
siostra	sister	szalik	scarf
skakać	jump	szampon	shampoo
skarpetki	socks	szczęśliwy	happy
ślimak	snail	szczoteczka do zębów	toothbrush
słoń	elephant	szczotka	brush
słońce	sun	szeptać	whisper
słuchanie	listening	sześć	six
śmiać się	laugh	szklanka	glass
smutny	sad	szkoła	school
śnieg	snow	szyja	neck
sobota	Saturday	tak	yes
sowa	owl	talerz	plate
spaghetti	spaghetti	tęcza	rainbow
spanie	sleeping	telewizor	television
spódnica	skirt	tenis	tennis
spodnie	pants	toaleta	toilet
sport	sports	torebka	purse
środa	Wednesday	tornado	tornado
stanie	standing	tost	toast
stary	old	traktor	tractor
statek	ship	trampki	sneakers
stół	table		

Polish-English Word List

transport	transportation	zamknięty	closed
trójkąt	triangle	zaskoczony	surprised
truskawki	strawberries	zebra	zebra
trzepaczka	whisk	zegar	clock
trzy	three	żeglarstwo	sailing
twardy	hard	zeszyty	notebooks
twarz	face	zielony	green
tygrys	tiger	ziemniaki	potatoes
ubrania	clothes	zima	winter
ucho	ear	zimno	cold
uczeń	student	zlew	sink
usta	mouth	zły	angry
waga	scale	zmywarka	dishwasher
wanna	bathtub	żółty	yellow
wąż	snake	żółw	turtle
wędkarstwo	fishing	zszywacz	stapler
wiatr	wind	zwierzęta	animals
widelec	fork	żyrafa	giraffe
wielbłąd	camel		
wieloryb	whale		
wiewiórka	squirrel		
wilk	wolf		
wiosna	spring		
włosy	hair		
wóz	wagon		
wóz strażacki	fire truck		
wrzesień	September		
wspinanie	climbing		
wtorek	Tuesday		
wujek	uncle		
żaba	frog		
zakupy spożywcze	groceries		

English-Polish Word List

above	powyżej	**book**	książka
afraid	przestraszony	**bookcase**	regał
airplane	samolot	**boots**	buty
alligator	aligator	**bounce**	odbijać
ambulance	karetka	**bowl**	miska
angry	zły	**boxing**	boks
animals	zwierzęta	**bread**	chleb
apple	jabłko	**broccoli**	brokuły
April	kwiecień	**brother**	brat
arm	ramię	**brush**	szczotka
August	sierpień	**bubbles**	bąbelki
aunt	ciocia	**bus**	autobus
autumn	jesień	**butter**	masło
backpack	plecak	**cake**	ciasto
banana	banan	**calculator**	kalkulator
baseball	baseball	**camel**	wielbłąd
basketball	koszykówka	**car**	samochód
bathroom	łazienka	**carrot**	marchewka
bathtub	wanna	**cat**	kot
bear	niedźwiedź	**chair**	krzesło
bed	łóżko	**cheek**	policzek
bedroom	sypialnia	**cheese**	ser
below	poniżej	**chest**	klatka piersiowa
belt	pasek	**chicken**	kurczak
bicycle	rower	**chin**	podbródek
bird	ptak	**chips**	chipsy
black	czarny	**circle**	koło
blanket	koc	**clean**	czysty
blouse	bluzka	**climbing**	wspinanie
blue	niebieski	**clock**	zegar
boat	łódź	**closed**	zamknięty
body	ciało	**clothes**	ubrania

English-Polish Word List

cloud	chmura	eating	jedzenie
coat	płaszcz	egg	jajko
cold	zimno	eight	osiem
colors	kolory	elbow	łokieć
comb	grzebień	elephant	słoń
cookies	ciastka	emotions	emocje
corn	kukurydza	eye	oko
couch	kanapa	eyebrow	brew
cousin (female)	kuzynka	face	twarz
cousin (male)	kuzyn	family	rodzina
cow	krowa	father	ojciec
crawling	raczkowanie	faucet	kran
crayons	kredki	February	luty
cry	płakać	finger	palec
cup	kubek	fire truck	wóz strażacki
curious	ciekawy	fireplace	kominek
cutting board	deska do krojenia	fish	ryba
dark	ciemny	fishing	wędkarstwo
December	grudzień	five	pięć
desk	biurko	food	jedzenie
diamond	diament	foot	stopa
dirty	brudny	football	piłka nożna
dishwasher	zmywarka	forehead	czoło
dog	pies	fork	widelec
door	drzwi	four	cztery
down	na dół	fox	lis
dress	sukienka	french fries	frytki
dresser	komoda	Friday	piątek
dry	suchy	frog	żaba
duck	kaczka	giraffe	żyrafa
ear	ucho	glass	szklanka
		globe	globus

English-Polish Word List

gloves	rękawiczki	June	czerwiec
glue	klej	karate	karate
goat	koza	kettle	czajnik
golf	golf	kitchen	kuchnia
good morning	dzień dobry	knee	kolano
good night	dobranoc	knife	nóż
goodbye	do widzenia	lamp	lampa
gorilla	goryl	laugh	śmiać się
grandfather	dziadek	leg	noga
grandmother	babcia	lemon	cytryna
green	zielony	library	biblioteka
groceries	zakupy spożywcze	light (opposite of dark)	jasny
hair	włosy	light (opposite of heavy)	lekki
hand	ręka	lightning	błyskawica
happy	szczęśliwy	lion	lew
hard	twardy	listening	słuchanie
hat	kapelusz	living room	salon
head	głowa	loud	głośny
heavy	ciężki	March	marzec
helicopter	helikopter	May	maj
hello	cześć	microwave	mikrofalówka
hippopotamus	hipopotam	milk	mleko
horse	koń	mirror	lustro
hot	gorący	Monday	poniedziałek
house	dom	monkey	małpa
hugging	przytulanie	moose	łoś
ice cream	lody	mother	matka
jacket	kurtka	motorcycle	motocykl
January	styczeń	mouse	mysz
jeans	dżinsy	mouth	usta
July	lipiec	neck	szyja
jump	skakać		

English-Polish Word List

necktie	krawat	plate	talerz
nine	dziewięć	please	proszę
no	nie	police car	radiowóz
nose	nos	popcorn	popcorn
notebooks	zeszyty	pot	garnek
November	listopad	potatoes	ziemniaki
numbers	liczby	pull	ciągnąć
nuts	orzechy	purple	fioletowy
October	październik	purse	torebka
old	stary	push	pchać
one	jeden	quiet	cichy
onion	cebula	rabbit	królik
open	otwarty	rain	deszcz
opposites	przeciwieństwa	rainbow	tęcza
orange (color)	pomarańczowy	read	czytać
orange (fruit)	pomarańcza	rectangle	prostokąt
overalls	ogrodniczki	red	czerwony
owl	sowa	refrigerator	lodówka
paint	farba	rice	ryż
pajamas	piżama	rocket	rakieta
pan	patelnia	rooster	kogut
pancakes	naleśniki	ruler	linijka
panda	panda	sad	smutny
pants	spodnie	sailing	żeglarstwo
pear	gruszka	salad	sałatka
pen	długopis	sandwich	kanapka
pencil	ołówek	Saturday	sobota
penguin	pingwin	scale	waga
pig	świnia	scarf	szalik
pillow	poduszka	school	szkoła
pink	różowy	schoolbus	autobus szkolny
pizza	pizza	scissors	nożyczki

English-Polish Word List

scooter	hulajnoga	spring	wiosna
seasons	pory roku	square	kwadrat
September	wrzesień	squirrel	wiewiórka
seven	siedem	stairs	schody
shampoo	szampon	standing	stanie
shapes	kształty	stapler	zszywacz
sheep	owca	star	gwiazda
ship	statek	stomach	brzuch
shirt	koszula	stool	stołek
shoes	buty	stove	kuchenka
shoulder	ramię	strawberries	truskawki
shower	prysznic	strong	silny
sink	zlew	student	uczeń
sister	siostra	submarine	łódź podwodna
sit	siedzieć	summer	lato
six	sześć	sun	słońce
skateboard	deskorolka	Sunday	niedziela
skating	łyżwiarstwo	sunglasses	okulary przeciwsłoneczne
skirt	spódnica	surprised	zaskoczony
sleeping	spanie	sweater	sweter
snail	ślimak	sweatshirt	bluza
snake	wąż	swim trunks	kąpielówki
sneakers	trampki	swimsuit	strój kąpielowy
snow	śnieg	table	stół
soap	mydło	talking	mówienie
soccer	piłka nożna	teacher	nauczyciel
socks	skarpetki	teapot	czajnik
soft	miękki	television	telewizor
spaghetti	spaghetti	ten	dziesięć
spoon	łyżka	tennis	tenis
sponge	gąbka	tennis racket	rakieta tenisowa
sports	sport		

English-Polish Word List

thank you	dziękuję	Wednesday	środa
three	trzy	wet	mokry
Thursday	czwartek	whale	wieloryb
tiger	tygrys	whisk	trzepaczka
tights	rajstopy	whisper	szeptać
tissue	chusteczka	whistle	gwizdek
toast	tost	white	biały
toe	palec u nogi	wind	wiatr
toilet	toaleta	window	okno
toilet paper	papier toaletowy	winter	zima
tomato	pomidor	wolf	wilk
toothbrush	szczoteczka do zębów	wrist	nadgarstek
toothpaste	pasta do zębów	yellow	żółty
tornado	tornado	yes	tak
towel	ręcznik	young	młody
tractor	traktor	zebra	zebra
train	pociąg		
transportation	transport		
triangle	trójkąt		
truck	ciężarówka		
t-shirt	koszulka		
Tuesday	wtorek		
turkey	indyk		
turtle	żółw		
two	dwa		
uncle	wujek		
underwear	bielizna		
up	do góry		
wagon	wóz		
wardrobe	szafa		
watermelon	arbuz		
weather	pogoda		

Published by Dylanna Press an imprint of Dylanna Publishing, Inc.
Copyright © 2025 by Dylanna Press

Editor: Julie Grady

Printed in the U.S.A.